살아 있는 뼈

글 허은미 | 그림 홍기한

뒤죽박죽 해골 퍼즐

와르르르!

으악!
뼈대가 무너졌어!
이를 어쩌지?

먼저 머리뼈를 찾아봐.
머리뼈는 둥근 헬멧같이 생겼어. 헬멧이 머리를 보호하는 것처럼,
머리뼈도 뇌와 눈, 속귀를 보호하지.

 머리뼈

머리뼈는 1개가 아니라 무려 23개나 되는 뼈들로 이루어져 있다.
이 뼈들이 톱니처럼 단단하게 맞물려 있어서 절대 움직일 수 없다. 머리뼈 가운데 움직일 수 있는 뼈는 턱뼈뿐.

아하, 그렇구나. 핫핫핫!

저러다 또 턱뼈 빠지지.

그 다음에는 머리뼈 밑에
기다란 등뼈를 놓아 보자.
등을 만져 보면, 한가운데에
울퉁불퉁한 뼈마디가
만져지지? 그것이 바로
척추, 곧 등뼈야.
뼈의 중심은 뭐니뭐니해도
척추. 위로는 머리뼈와
이어져 있고, 아래로는
골반과 이어져 있어서
몸 전체의 뼈대를 받쳐 주고,
그 안에 들어 있는 척수를
보호해 주거든.

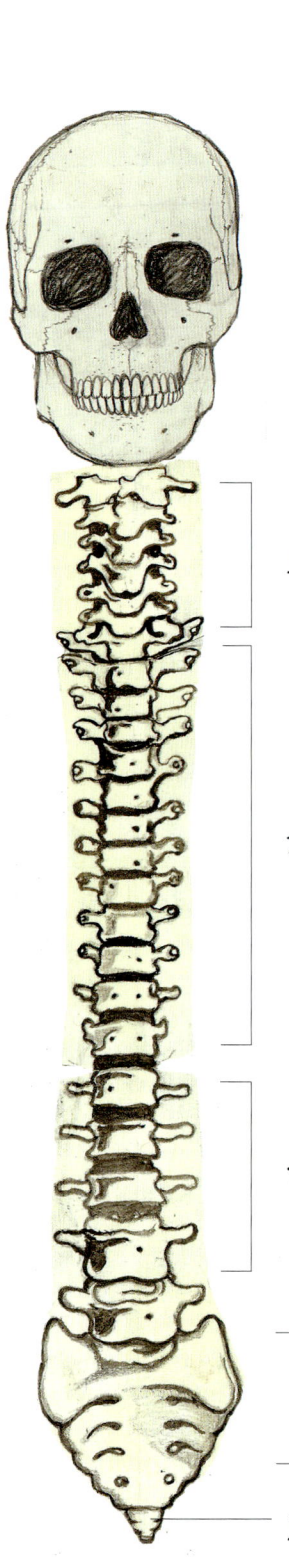

목등뼈 7개

가슴등뼈 12개

허리등뼈 5개

엉치등뼈 5개

꼬리뼈 1개

그야말로
몸의 기둥이라고
할 수 있지.

어쭈,
제법인데.

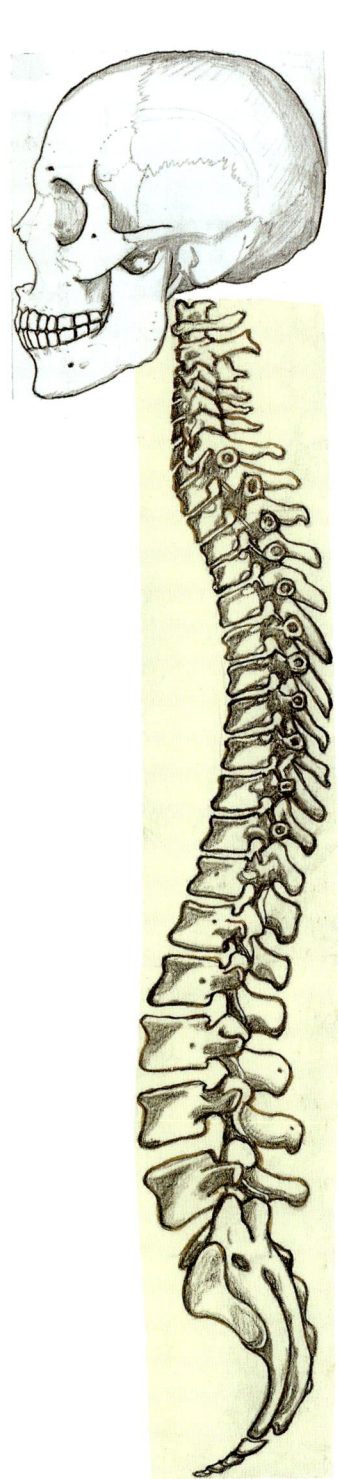

척추는 마디마디가 관절로
이어져 있다. 몸을 웅크리고,
머리를 까딱이고,
엉덩이를 실룩일 수 있는 건
모두 관절 덕분이지.
척추는 S자 모양으로
휘어져 있어,
걷거나 뛸 때 받는
충격을 줄여 준다.

안 돼,
내 척추는 원래
휘어져 있거든.

노마야,
제발 등 좀 펴.
구부정해 가지고는,
쯧쯧.

이번에는 등뼈에 갈비뼈를 붙여 보자. 갈비뼈는 양쪽에 열두 개씩 있는, 새장처럼 생긴 뼈야. 가늘고 탄력 있는 뼈들이 관절로 이어져 있고, 폐와 심장, 간 같은 중요한 내장을 보호하지.

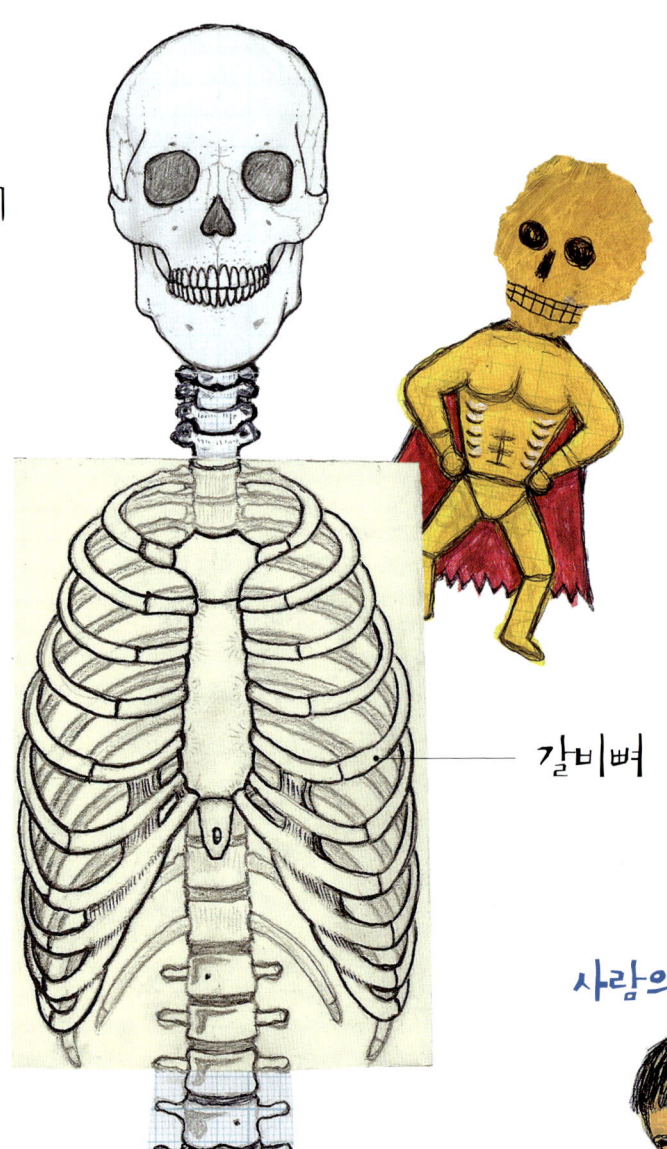

갈비뼈

네발짐승의 갈비뼈

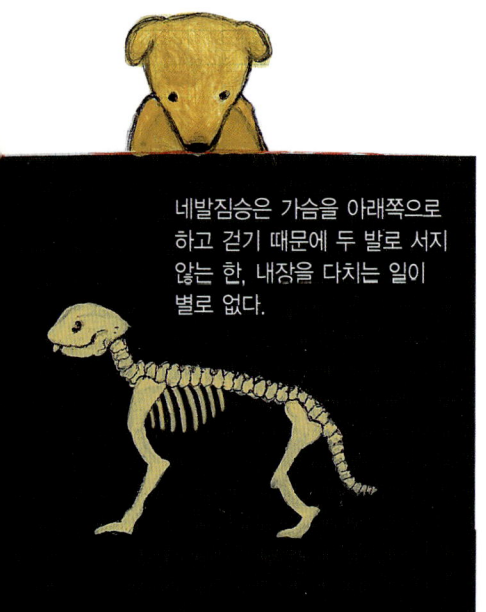

네발짐승은 가슴을 아래쪽으로 하고 걷기 때문에 두 발로 서지 않는 한, 내장을 다치는 일이 별로 없다.

사람의 갈비뼈

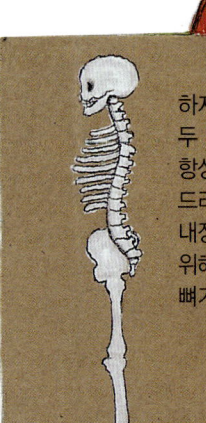

하지만 사람은 두 발로 걸으면서 항상 가슴을 드러내므로 내장을 보호하기 위해 가슴 부위의 뼈가 커졌다.

그 다음에는 골반을 놓는 거야.
골반은 창자와 오줌보,
자궁 같은 내장을 보호하지.
다리를 떠받치는 버팀목처럼,
골반의 윗부분은 몸을
잘 떠받칠 수 있게
아치 모양으로 되어 있다.

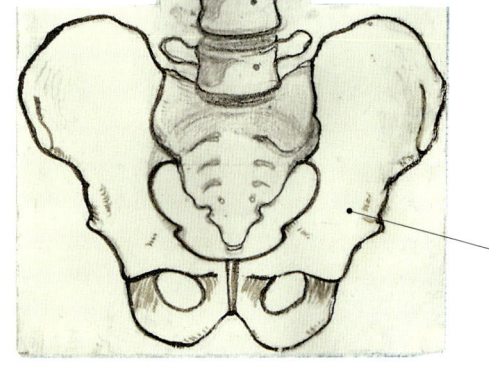

골반

꼭 탑 쌓기
하는 것
같네.

흐음,
그렇구나.

이제 막대처럼 생긴 팔뼈와 다리뼈를 올려놓자.
팔뼈는 끝에 집게가 달린 지렛대와 같다.
자유롭게 움직일 수 있을 뿐 아니라
강하고 정확하다. 또 무거운 물건을
들어 올리고, 던질 수도 있지.
팔 끝에 달린 손으로는 머리핀처럼
작은 물건도 집을 수 있다.

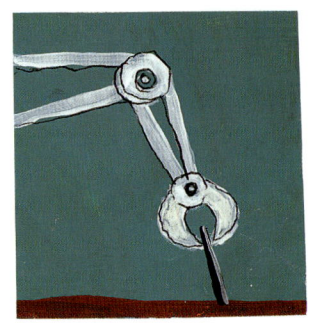

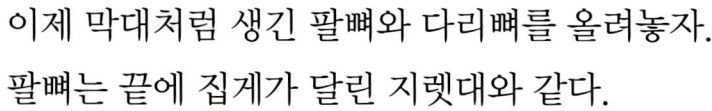

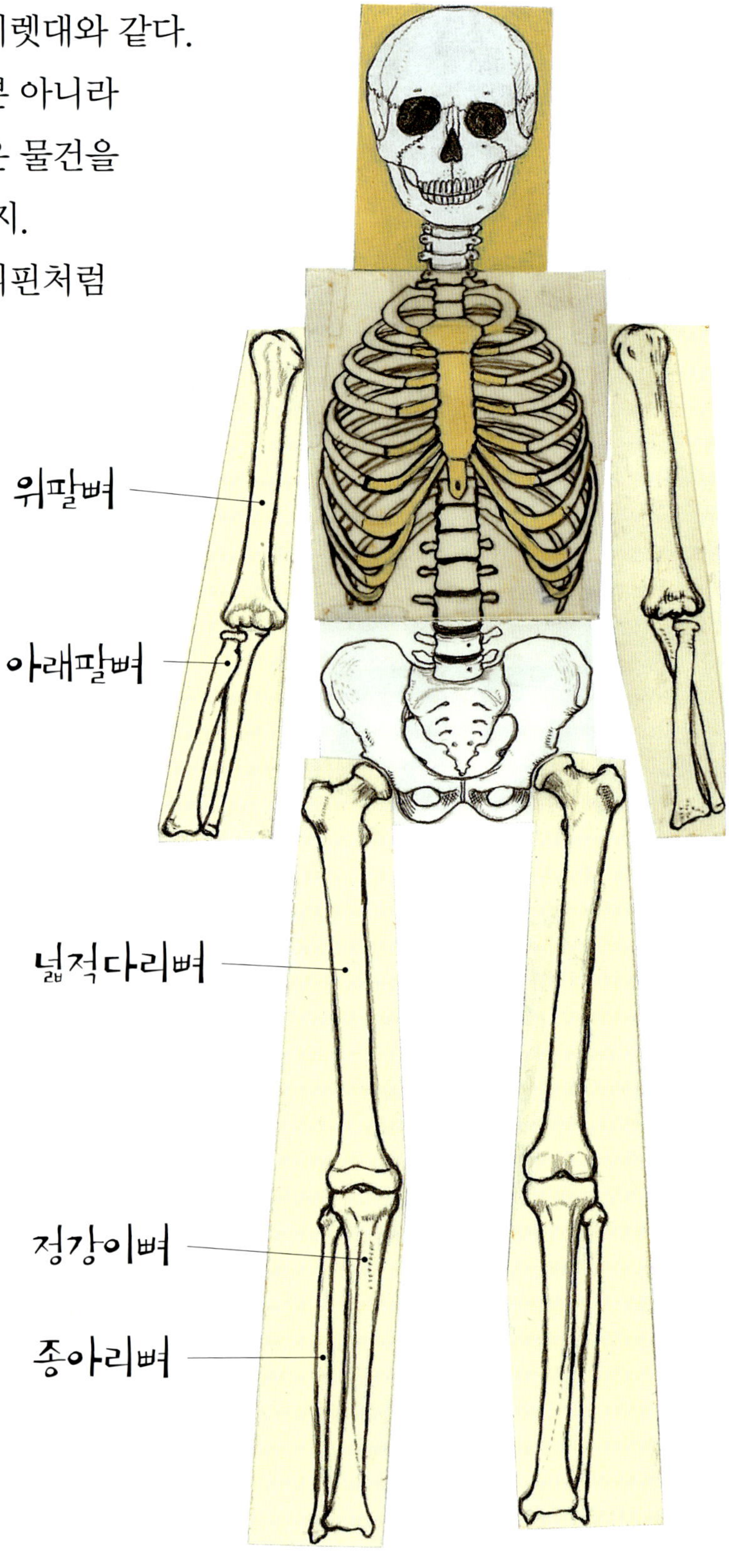

위팔뼈

아래팔뼈

넓적다리뼈

정강이뼈

종아리뼈

말하는 뼈

도대체 이 뼈의 주인은 어떤 사람이었을까?

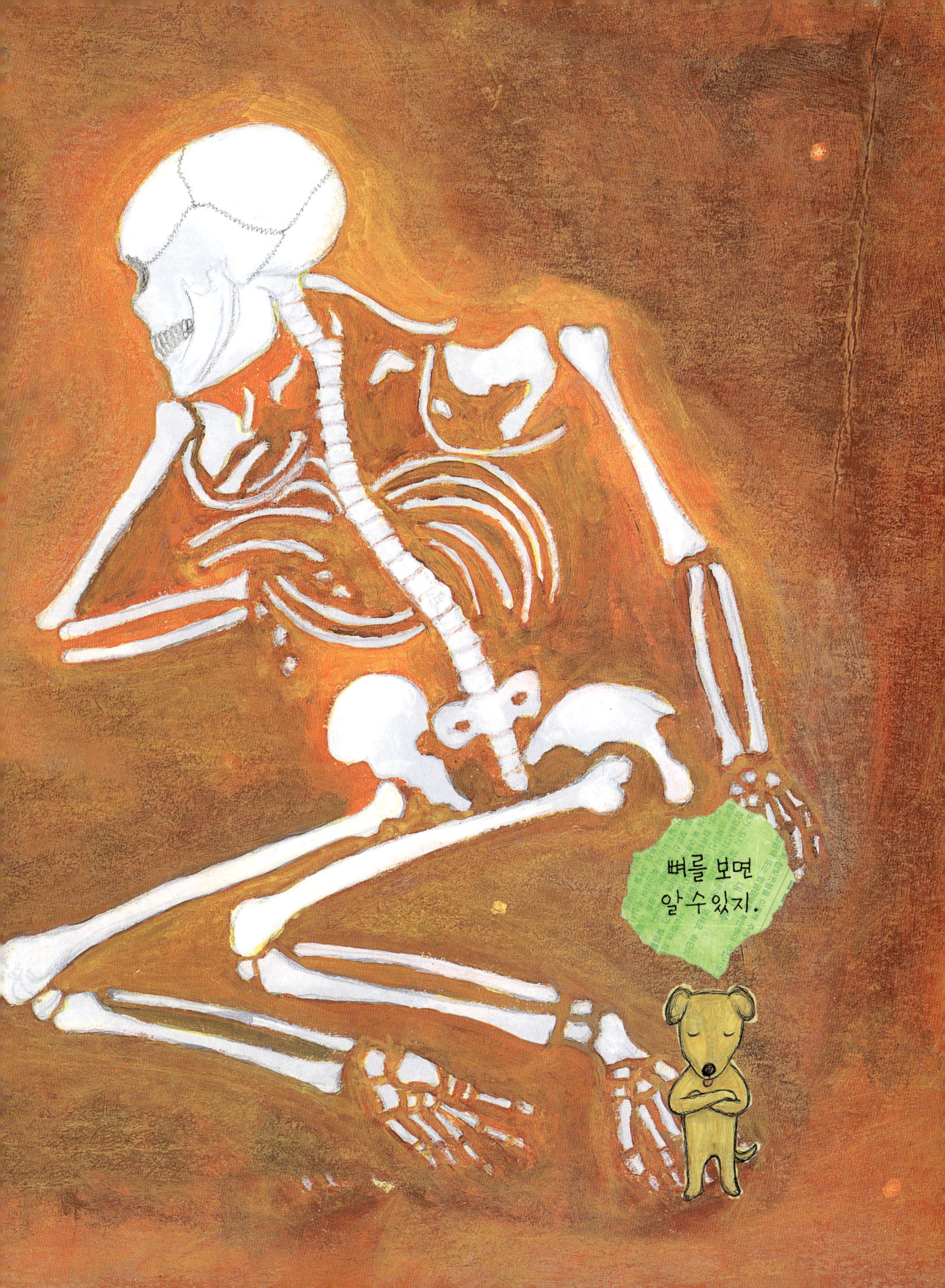

뼈는 지구상에서 가장 오래가는 물질 가운데 하나이다.
쇠는 녹슬고 바위는 비바람에 부서지지만,
뼈는 오래돼도 잘 썩지 않지.
호랑이는 죽어 가죽을 남기고, 사람은 죽어 해골을 남긴다!
다음 중 뼈만 보고도 알 수 있는 것은 무엇무엇일까?

1. 성별: 알 수 있다.

여자의 골반뼈는 남자의 골반뼈보다 더 평평하고 넓다.
여자는 아이를 낳기 쉽게 골반 중앙에 있는 구멍이 남자보다 더 크고 둥글다.
또, 여자의 뼈는 남자의 뼈보다 작고 가볍다. 여자는 가슴뼈가 남자보다 넓지만 길이가 짧고,
머리뼈는 선이 더 부드러우며, 손목뼈는 더 가늘고, 턱뼈는 더 작다.

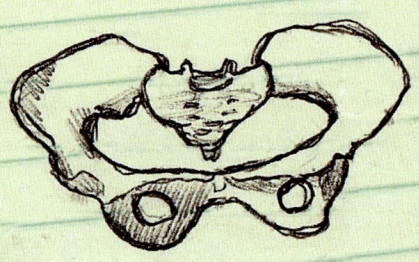

여자의 골반뼈

남자의 골반뼈

2. 나이: 알 수 있다.

특히 손을 엑스선으로 찍어 보면 확실하게 나이를
알 수 있다. 또 사람의 머리뼈는 30~40세가 되면
뼈를 잇고 있는 이음새가 희미해지다가
나중에는 사라져 버리므로, 머리뼈의 이음새를
보고 나이를 알 수 있다.

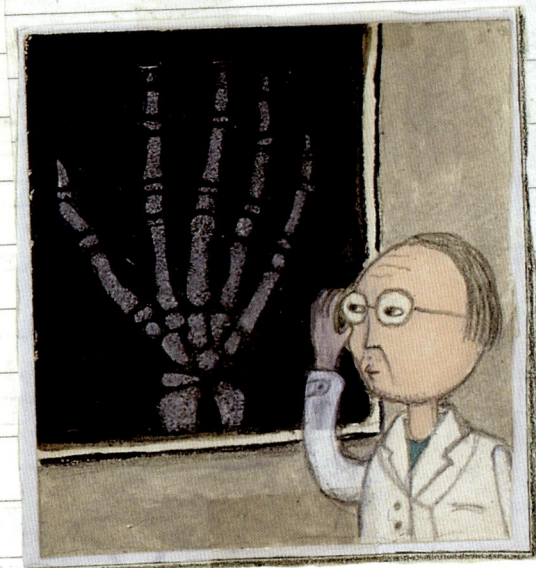

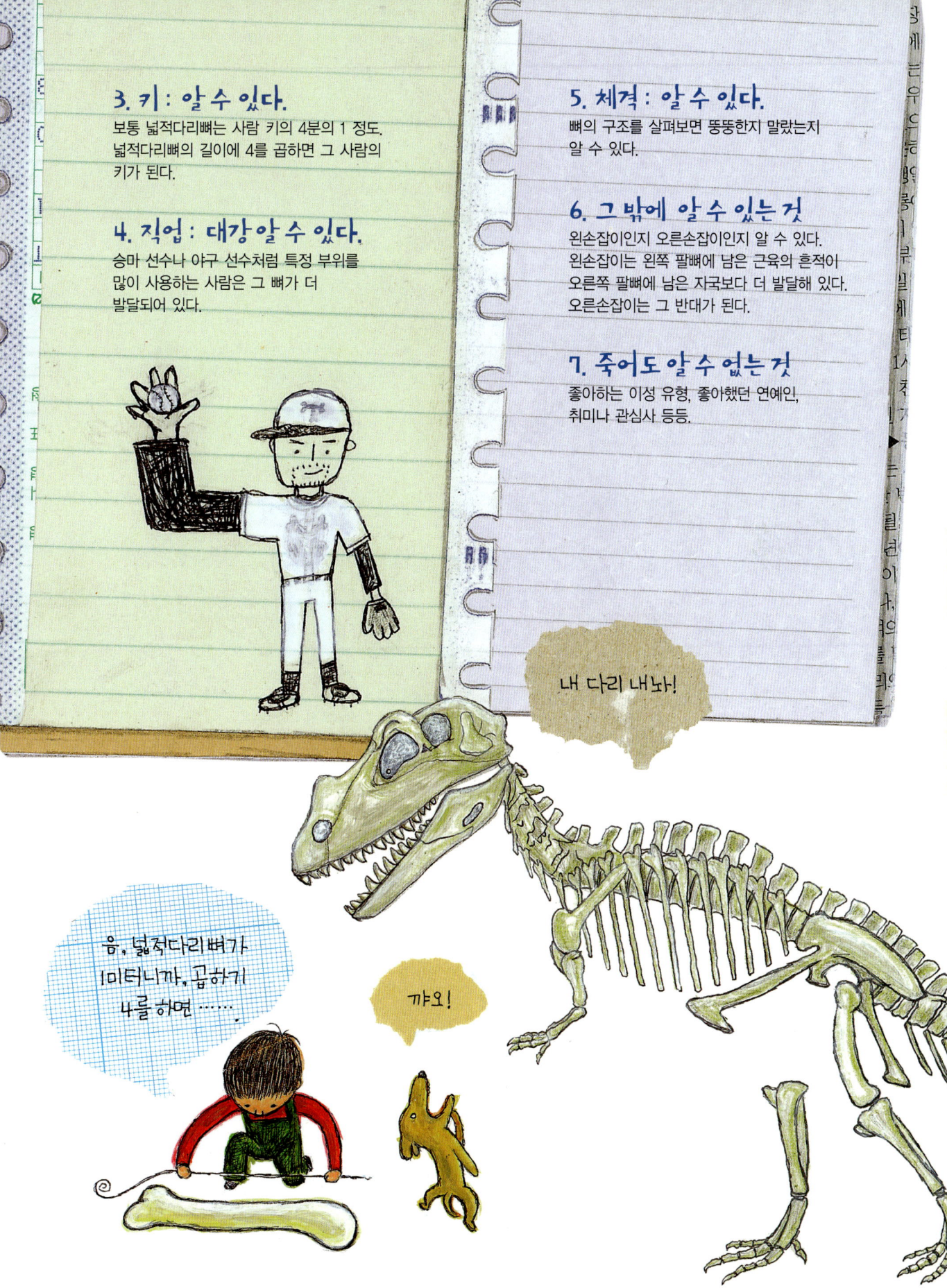

아주 오랜 옛날부터, 사람들은 겁을 주거나 경계심을 불러일으킬 때 해골 그림을 사용했다. 해골은 죽음이나 허무, 곧 인생의 덧없음을 뜻하기도 하고, 주의나 경고를 표시하기도 한다.

해적선의 깃발
엇갈려 있는 뼈 위에 그려진 해골은 해적선이 나타났고 죽음이 가까워졌음을 의미한다.

금지!
삼각형 속에 그려진 현대의 해골 그림은 '주의'나 '금지'를 나타낸다. 경고를 어기면 죽을 수도 있다는 무시무시한 뜻이 담겨 있다.

죽음의 춤 (1526년, 한스 홀바인 그림)
어느 날 갑자기, 죽음의 상징인 해골이 추기경과 수도사, 부자, 백작을 찾아왔다. 살아 있을 때 아무리 부귀영화를 누렸다 해도 누구나 죽을 수밖에 없으며, 죽음은 아무 예고 없이 찾아온다는 것을 잘 보여 주는 작품이다.

뼈는 건물의 철근이나 우산의 살처럼 몸 전체를 떠받치는 일을 한다.
하지만 철근이나 우산 살과 달리, 뼈는 활발하게 움직이는
살아 있는 조직이야.
뼈 속에는 산소와 영양을 운반하는
혈관, 아픔을 느끼는 신경,
끊임없이 새로운 뼈 조직을
만들어 내는 골수가 있지.
부러진 뼈를 잘 맞춰서 갖다 붙이면
저절로 붙게 되는 것도
뼈가 살아 있다는 증거이다.

부러진 뼈가 회복되는 과정

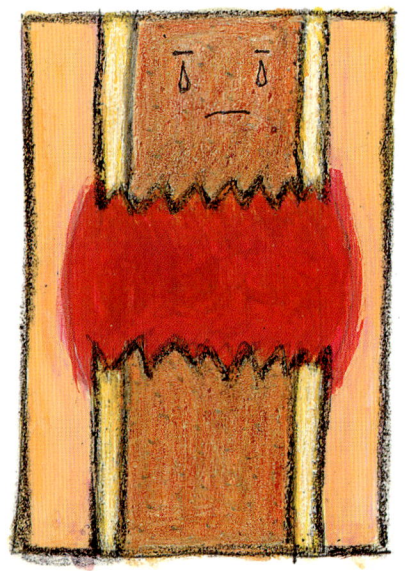

1단계
뼈가 부러지면 주변의 혈액이
굳어지면서 부러진 뼈의 끝을 감싼다.

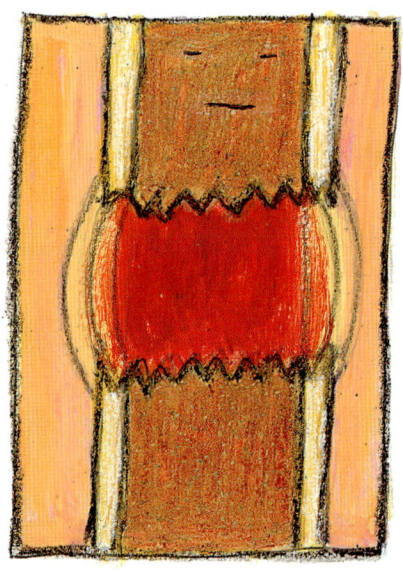

2단계
새로운 뼈가 부러진 뼈의
끝에서 자라난다.

3단계
새로운 뼈가 완전히 굳으면서
뼈와 뼈 사이가 붙는다.

뼈의 구조

연골
관절에 있고, 뼈를 보호하는 일을 한다.

치밀뼈
이름처럼 틈이 없는 단단한 뼈. 안에는 혈관과 신경이 지나고 있다.

골막
뼈를 피부처럼 감싸고 있는 얇은 막. 혈관과 신경이 지나고 있어서 뼈에 영양을 주고, 아픔을 전하며, 새로운 뼈를 만들어 낸다.

해면뼈
스펀지처럼 구멍이 숭숭 나 있는 뼈. 벌집처럼 생겨 단단하면서도 가볍다.

골수강
넓적다리뼈처럼 큰 뼈는 무게를 줄이기 위해 한가운데가 비어 있는데, 이를 골수강이라고 한다. 그 속에 혈액을 만드는 골수가 들어 있다.

아기의 뼈는 대부분 말랑말랑하다.
갓 태어난 아기들이 머리를 가누지 못하고, 몸이 부드러운 것은
뼈가 연골이기 때문이지.
하지만 자랄수록 연골 중 일부가 단단하게 굳어지고,
여섯 살쯤 되면 대부분의 뼈가 딱딱해진다.

나처럼 해 봐라.
요렇게~.

헉!
저런 묘기를……

사라진 뼈를 찾아라!
갓난아기의 뼈는 350개. 하지만 다 자란 어른의 뼈는 206개 남짓이다.
그럼 나머지 뼈들은 어디로 사라졌을까? 사실 뼈들은 사라진 게 아니다.
단지 뼈들이 자라면서 서로 합쳐져, 굵고 단단해진 것일 뿐.
골반만 해도 태어날 때는 6개였던 뼈가 서서히 하나로 합쳐진 것이다.

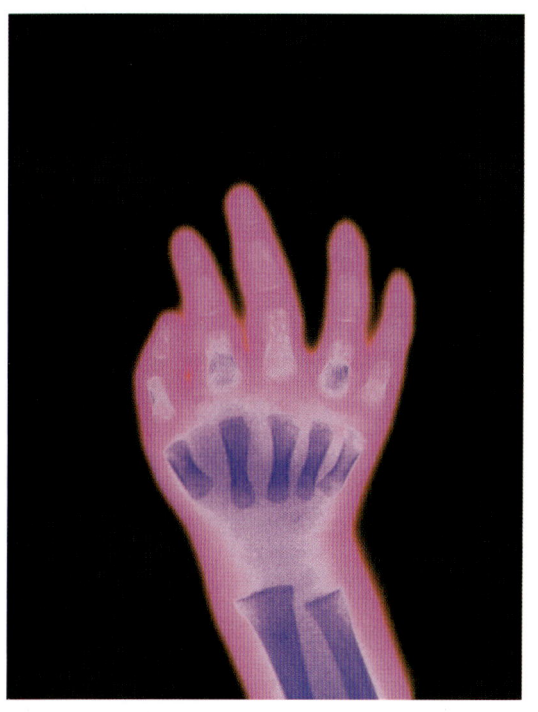

돌이 지난 아기의 손뼈
대부분이 연골이며, 연골이 굳어져 작은 뼈가 된다.

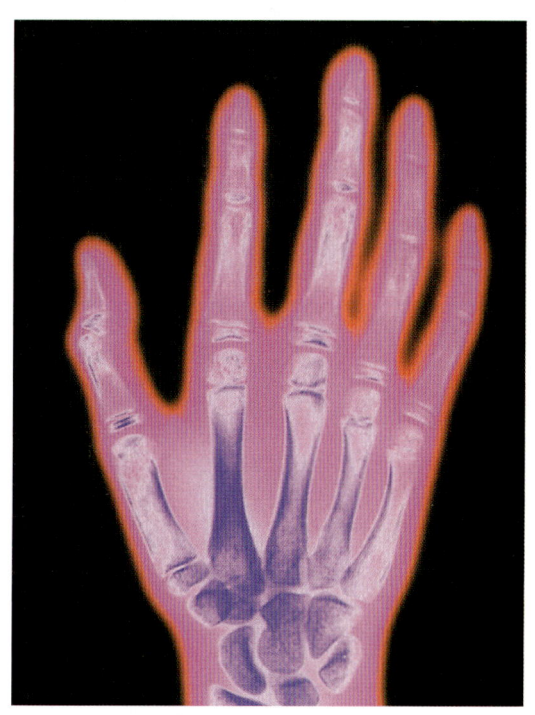

15세 정도 된 소년의 손뼈
작은 뼈들이 붙어 하나가 되었다.

잔뼈가 굵었다는 말은 이래서 생긴 말이구나.

누구 뼈가 더 굵을까?

이 밖에도 뼈는 아주 많은 일을 한다.
뼈는 칼슘을 보관하는 창고이기도 하고, 혈액을 만드는 공장이기도 해.
우리 몸의 칼슘은 대부분 뼈에 들어 있어. 우리 몸에 칼슘이
부족해지면 뼈에 들어 있던 칼슘이 빠져나와 부족한 양을 채워 주지.
또, 뼈 속에는 혈액을 만드는 골수가 가득 들어 있다.
골수가 만들어 낸 혈액은 뼈에 난 구멍을 통해 혈관으로 들어간다.

이게 다 뭐야?

헤헤, 뼈에게 먹을 것을 주려고……

사람의 뼈가 스무 살까지 끊임없이 자란다는 걸 알고 있니?
뼈가 잘 자라려면 칼슘과 비타민 D가 많이 들어 있는 음식을
충분히 먹어야 해. 다음 중에서 뼈가 좋아하는 음식은 어떤 것일까?
또 뼈가 싫어하는 것은 무얼까?

뼈가 좋아하는 음식은 우유와 치즈, 그리고 생선처럼 뼈째 먹는 음식이 많이 들어 있다. 또 뼈를 튼튼하게 하는 비타민 D가 풍부한 시금치, 당근 같은 녹황색 채소와 버터도 좋다. 피자나 햄버거, 콜라처럼 칼슘이 몸속에서 빠져나가게 하는 음식은 뼈가 싫어하는 음식이다.

뼈와 뼈가 만나는 곳이 바로 관절.
관절 덕분에 우리는 몸을 마음대로 구부리고 돌리고 움직일 수 있지.
관절이 없다면 우리 몸은 뻣뻣한 마네킹 같을 거야.

눈동자는 관절이 없어도 빙글빙글 잘도 돌지.

우리 몸에서 앞으로, 옆으로, 뒤로 돌리고 움직일 수 있는 곳을 모두 찾아보자.

머리를 끄덕끄덕,

고개를 절레절레,

팔과 다리를 빙빙 돌리고,

등을 구부렸다 폈다,

손목과 팔목을 돌려 보자.
그 다음에는 무릎을……

관절은 움직이는 모양에 따라 여러 가지로 나눌 수 있다.

경첩 관절
무릎과 팔꿈치의 관절. 문의 경첩처럼 앞뒤로만 굽혔다 펼 수 있다.

구상 관절
팔뼈와 넓적다리뼈의 관절. 구멍과 공처럼 생긴 뼈로 이어져 있어 여러 방향으로 움직일 수 있다.

내가 뒤뚱뒤뚱 걷는 건 다리뼈가 90도 가까이 꺾여 있기 때문이야.

펭귄의 다리뼈는 몸 안에 숨어 있지.

미끄럼 관절
발목뼈의 관절. 위아래 방향이나 좌우 방향으로 미끄러지듯 움직일 수 있다.

안장 관절
엄지손가락 관절. 위쪽의 뼈가 말의 안장 위에 앉아 있는 것 같아 이런 이름이 붙었다. 두 방향으로 구부리거나 펼 수 있다.

관절을 다치니까 뻗정다리가 따로 없구나.

누구의 뼈일까?

악어, 도마뱀, 개구리, 새, 침팬지, 개, 공룡의 공통점은 무엇일까? 모두 척추가 있다는 거야. 뼈의 생김새는 환경에 맞게 달라졌지만 사람처럼 모두 척추와 머리뼈, 골반뼈, 앞다리뼈, 뒷다리뼈가 있다.

악어

도마뱀

공룡

새

침팬지

개

개구리

물고기
물고기는 팔과 다리가 없으므로 어깨뼈도, 골반도 없다.
척추와 머리뼈, 꼬리뼈만 있다.

우리는 모두 이웃사촌.
사람의 팔과 박쥐의 날개, 돌고래의 앞발은 똑같은 앞다리가
환경에 맞게 변화한 모습이다.

사람의 팔뼈

박쥐의 날개뼈
박쥐의 날개뼈는 사람의 손가락뼈처럼
다섯 개이다.

돌고래의 앞발
돌고래의 앞발은 바닷속에서 헤엄치기에
알맞게 물고기의 지느러미처럼 발달했다.
하지만 구조는 포유동물의 팔뼈와 같다.

기린처럼 목이 긴 동물이나
생쥐처럼 목이 짧은 동물이나
목뼈는 모두 일곱 개.
단지 뼈의 모양과 길이가
다를 뿐이다.

너도 나도
목뼈는 누구나
일곱 개!

우리가 사는 지구에는 뼈가 몸 안에 있지 않고 몸 밖에 있는 동물들이 아주 많아.
게와 새우 같은 갑각류, 딱정벌레와 같은 곤충이나 거미류는 몸 밖에 단단한 겉뼈대가 있어 몸을 지탱하고, 부드러운 몸을 보호한다. 겉뼈대는 키틴질이라고 하는 물질로 되어 있어 단단할 뿐 아니라 물이 스며들지 않는다.

사슴벌레
풍뎅이
거미
골리앗딱정벌레
전갈
달팽이

나도 뼈대 있는 집안 출신이라고!

겉뼈대를 갖고 있는 동물은 물속에서 많이 산다.
물에 떠다니면 무거운 뼈대가 가볍게 느껴지기 때문이야.

게
몸이 커지면 작아진 겉뼈대를 벗어 버린다. 게의 부드러운 몸이 부풀어 오르면 그 위에 새로운 겉뼈대가 굳어진다.

바다거북
몸속에도 뼈가 있고, 몸 밖에도 겉뼈대가 있어 몸을 보호하기에 좋다.

해마
해마는 물고기이지만, 똑바로 서서 헤엄친다. 갑옷처럼 생긴 단단한 겉뼈대가 몸을 감싸고 있다.

새우
위험할 때는 등을 구부려 마디가 진 겉뼈대로 몸과 다리를 보호한다.

흐느적흐느적, 난 아예 뼈가 없어!

마지막으로 뼈에 대해 얼마나 아는지 알아볼까?
뼈의 이름을 아는 대로 말해 보자.

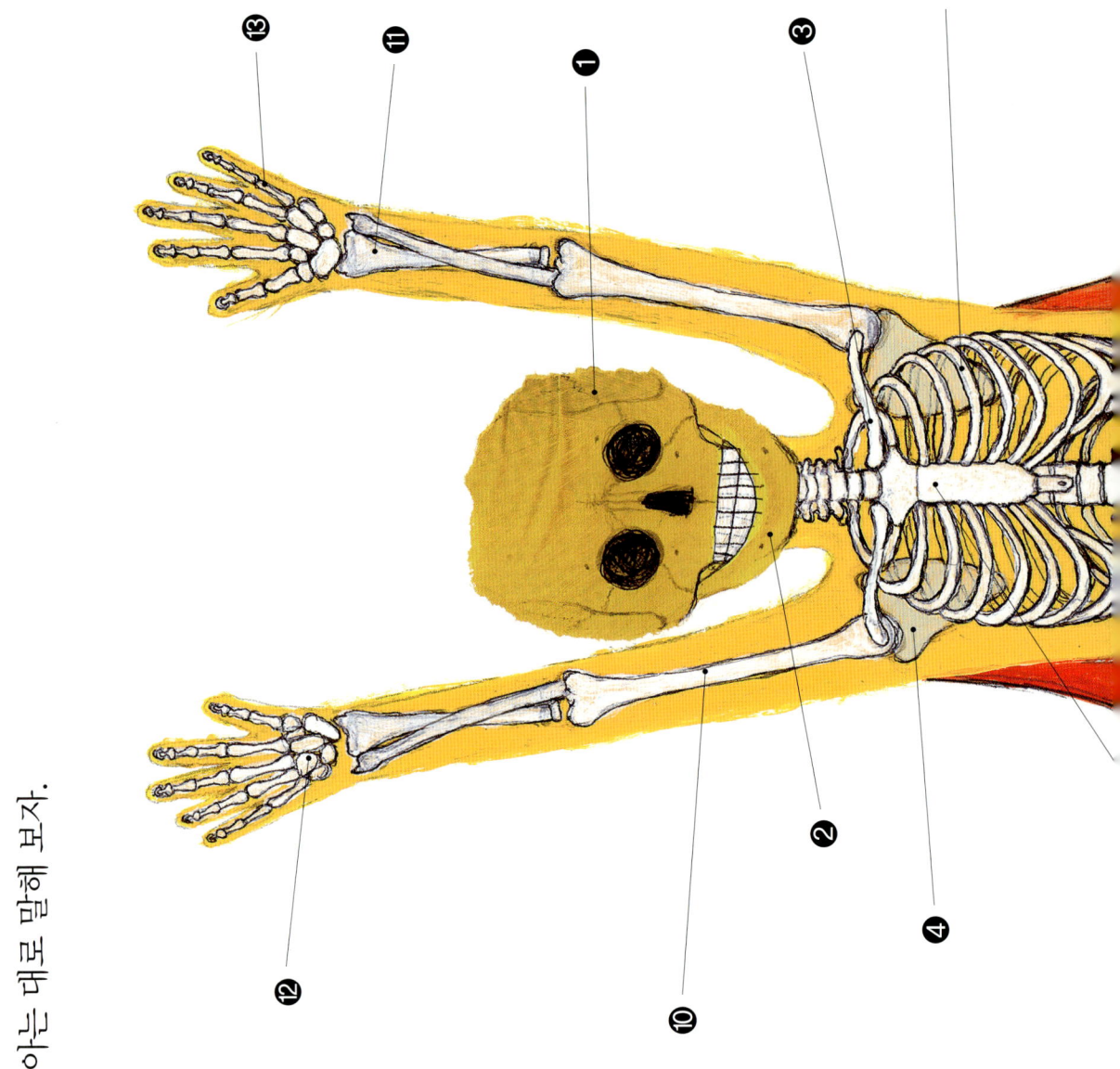

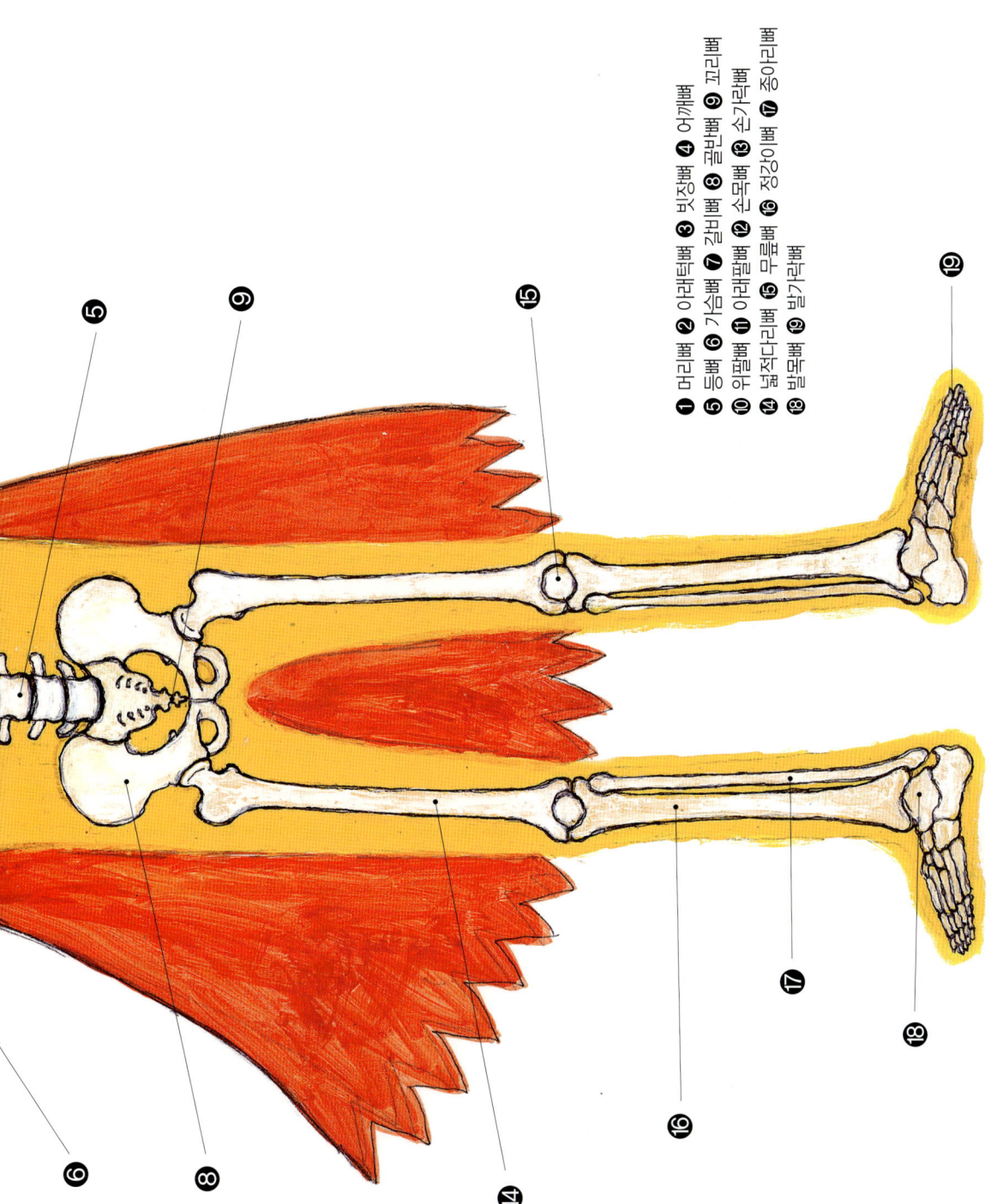

❶ 머리뼈 ❷ 아래턱뼈 ❸ 빗장뼈 ❹ 어깨뼈
❺ 등뼈 ❻ 가슴뼈 ❼ 갈비뼈 ❽ 골반뼈 ❾ 꼬리뼈
❿ 위팔뼈 ⓫ 아래팔뼈 ⓬ 손목뼈 ⓭ 손가락뼈
⓮ 넓적다리뼈 ⓯ 무릎뼈 ⓰ 정강이뼈 ⓱ 종아리뼈
⓲ 발목뼈 ⓳ 발가락뼈

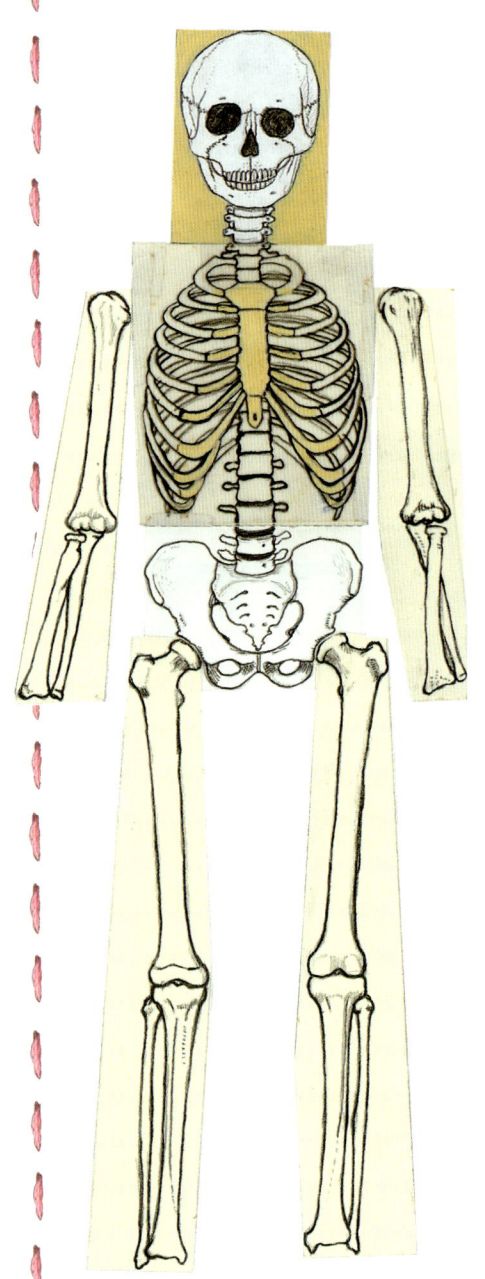

우리 몸의 뼈는 모두 몇 개일까?

뼈는 세는 방법에 따라 그 수가 달라진다. 골반을 하나로 보느냐 여섯 개로 보느냐에 따라서도 달라지기 때문이다. 사람에 따라 갈비뼈가 11쌍이거나 13쌍인 경우도 있고, 머리뼈에 뼈가 하나 더 있는 사람도 있다. 사람의 뼈는 대부분 200개에서 210개 사이지만, 대략 206개로 보면 된다.

뼈는 어떻게 만들어지나?

뼛속에는 뼈를 만드는 조골 세포와 뼈를 부수는 파골 세포가 함께 들어 있다. 뼈가 오래되면 뼈를 부수는 파골 세포가 나와서 뼈를 갉아 내면서 흡수한다. 미처 흡수되지 못한 찌꺼기들은 백혈구가 처리한다. 이 과정이 끝나면 뼈를 만드는 조골 세포가 나와 새로운 뼈를 만든다.

어렸을 때는 조골 세포의 활동이 활발해서 뼈가 잘 자라고 튼튼하다. 하지만 나이를 먹으면 조골 세포의 활동이 약해져서 더 이상 자라지 않을 뿐 아니라 부러지기도 쉽다.

뼈의 무게는 얼마나 될까?

보통 우리 몸무게의 4분의 1이 뼈의 무게이다. 여러분의 몸무게가 30킬로그램이라면 뼈 무게는 7.5킬로그램 정도인 셈이다.

어린이의 뼈는 왜 잘 자랄까?

어린이의 뼈에는 양쪽 끝에 성장판이라는 연골이 있다. 이곳이 바로 뼈가 자라는 곳으로, 성장판이 늘어나면서 키도 함께 커진다. 어른이 되면, 성장판이 굳어지면서 더 이상 자라지 않는다.

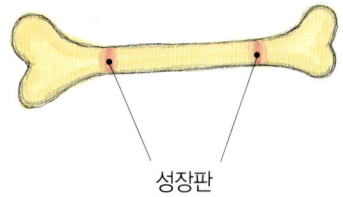

성장판

뼈와 뼈는 어떻게 이어져 있을까?

200개가 넘는 뼈들이 흩어지지 않고 제자리에 있는 것은 뼈들이 여러 가지 방법으로 연결되어 있기 때문이다. 뼈와 뼈의 연결 방식은 두 가지. 하나는 움직일 수 없는 연결 방식이고, 다른 하나는 움직일 수 있는 연결 방식, 곧 관절로 연결된다.

머리뼈
머리뼈를 조심스럽게 떼어 내면 이런 모습이 된다.
머리뼈는 움직일 수 없게 톱니처럼 맞물려 있다.

관절은 어떻게 움직일까?

관절은 종류가 다양하지만 구조는 모두 같다. 관절은 연골로 둘러싸여 있고, 그 주위를 얇은 주머니가 감싸고 있다. 연골은 뼈와 뼈가 부딪치지 않게 쿠션 같은 역할을 한다. 주머니 속에는 관절액이라는 액체가 들어 있으며, 기계가 잘 돌아가도록 바르는 기름 같은 역할을 한다.

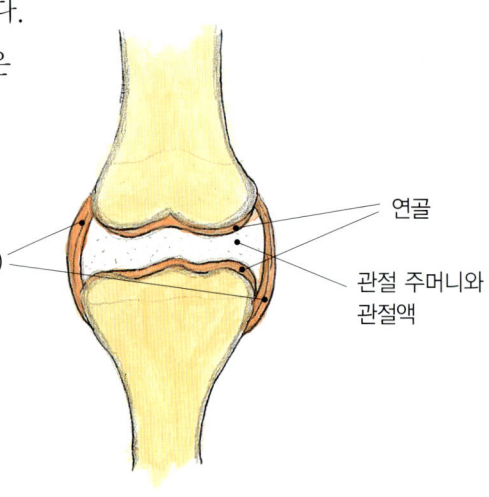

관절의 구조

연골이란 무엇일까?

연골은 말 그대로 연하고 부드러운 뼈이다. 귀나 코가 말랑말랑한 것은 모두 연골로 되어 있기 때문이다. 연골은 누르면 약간 들어가는 성질이 있어, 웬만한 충격에도 부러지지 않는다. 어린이들의 뼈는 연골이 많아 말랑말랑하지만 어른이 될수록 딱딱해진다.

아기는 머리 위가 왜 말랑말랑할까?

말랑말랑한 곳을 숨구멍이라고 하는데, 아직 뼈로 변하지 않은 부분이다. 아기는 태어날 때, 어머니의 자궁을 빠져 나오면서 머리가 심하게 눌린다. 하지만 숨구멍이 있어 머리뼈가 움직이거나 포개지면서 쉽게 빠져 나오고 뇌도 보호한다. 숨구멍은 모두 6개로, 머리 맨 위에 있는 것이 가장 크다. 이 숨구멍은 한 살이 되면 저절로 사라지고, 나머지 숨구멍들도 태어난 지 18개월에서 26개월 사이에 서서히 사라진다.

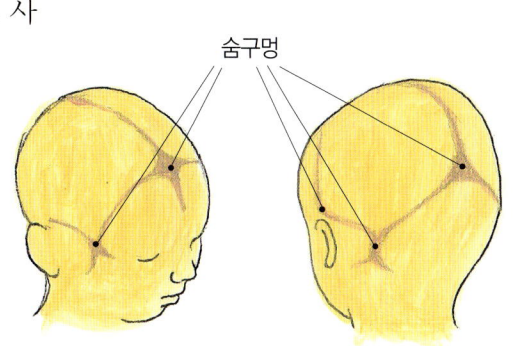
숨구멍

뼈도 아픔을 느낄까?

뼈의 단단한 층은 주로 칼슘과 무기질로 이루어져 있어 아픔을 느끼지 못한다. 하지만 단단한 뼈를 에워싸고 있는 골막은 신경들이 지나가기 때문에 아픔에 민감하다. 뼈가 부러지면 단단한 뼈에 골고루 퍼져 있는 신경이 골막에 아픔을 알리고, 골막은 뇌의 신경 중추에 통증 신호를 보낸다. 만약 부러진 뼈의 파편들이 골막을 찌르거나 상하게 하면, 너무 아파 비명을 지르게 될 것이다.

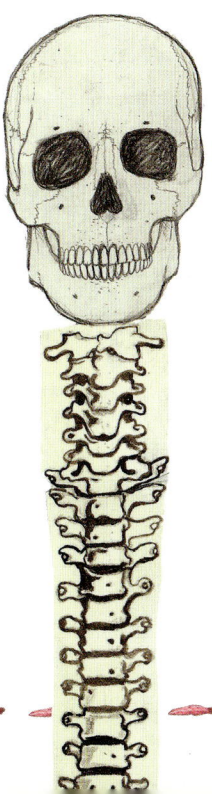

우리 몸에서 가장 큰 뼈와 가장 작은 뼈는 어느 것일까?

가장 큰 뼈는 넓적다리뼈. 남자는 평균 41센티미터 정도이고, 여자는 평균 38센티미터이다. 가장 작은 뼈는 귓속뼈로, 망치뼈와 모루뼈, 등자뼈로 되어 있다.

망치뼈는 길이가 약 8밀리미터에 무게는 24밀리그램이며, 모루뼈는 약 7밀리미터에 27밀리그램 정도. 그리고 등자뼈는 높이가 3밀리미터이다. 이 뼈들은 작은 관절로 연결되어 있다.

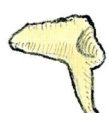 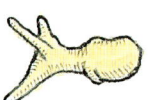 

모루뼈   망치뼈   등자뼈

뼈는 얼마나 강할까?

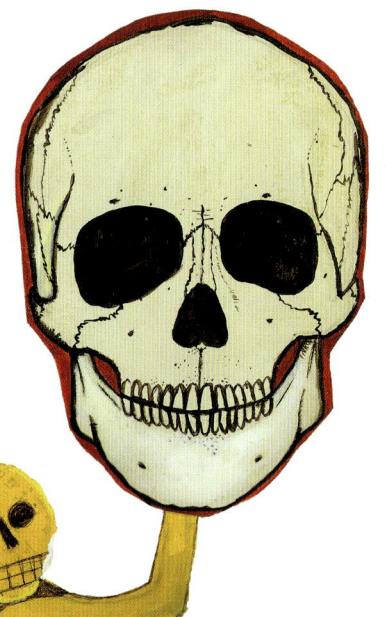

뼈는 비슷한 양의 철근 콘크리트보다 4배나 강하며, 같은 무게의 알루미늄이나 가벼운 강철과 같은 강도를 갖고 있다. 뼈가 이렇게 강한 것은 뼈에 들어 있는 칼슘과 인의 결합 방식 때문이다. 뼈의 구조와 똑같은 구조로 이루어진 것이 자연 물질 중 가장 단단하다는 다이아몬드이다.

뼈에 관한 속담들

(복 없는 놈은) 계란에도 뼈가 있다
운수가 나쁜 사람은 무슨 일을 해도 안 된다는 뜻.

노루 뼈 우리듯 우리지 말라
한번 보거나 들은 이야기를 두고두고 되풀이할 때 쓰는 말.

뉘 덕으로 잔뼈가 굵었기에
잔뼈가 굵었다는 건 아이가 다 자라 어른이 되었다는 의미이므로,
누구 덕으로 자랐는데 그 은혜를 모르냐는 뜻.

두부 살에 바늘 뼈
살결은 두부 같고, 뼈는 바늘같이 가늘다는 뜻.
몸이 몹시 약하거나, 조금만 아파도 심하게 엄살을 부리는 사람을 놀리는 말.

범은 그려도 뼈다귀는 못 그린다
무엇이든 겉모양만 보고 속을 알 수 없다는 뜻.

쇠 살에 말 뼈
제 격에 맞지 않는 말을 한다는 뜻.

이도 안 난 것이 뼈다귀 추렴하겠단다
아직 다 자라지도 못한 것이 제 능력에 부치는 일을 하려 한다는 뜻.

뼈똥 쌀 일
기가 막힌 일이라는 뜻.

모기 대가리에 골을 내랴
모기의 머릿골을 꺼낸다는 뜻으로, 불가능한 일을 하려고 할 때 이르는 말.

지렁이 갈빗대
터무니없는 물건이나, 아주 부드럽고 말랑말랑한 것을 이르는 말.

어르고 등골 뺀다
겉으로는 잘 해 주는 척하면서, 사실은 등골(척수)을 뽑아 먹듯 골린다는 뜻.

허은미

이 책에 글을 쓴 허은미는 두 딸의 엄마입니다. 학교에 다닐 때는 과학 쪽으로는 재능도 없고 흥미도 없다가,
세상에 대해 궁금한 것 투성이인 큰딸 덕분에 뒤늦게 과학, 정보 그림책에 관심을 갖게 되었습니다.
어린이들이 재미있게 읽고, 생각하고, 꿈꿀 수 있는 책을 만들고 싶다는 꿈을 꾸며 살고 있습니다.

홍기한

이 책에 그림을 그린 홍기한은 평소에 낙서하기를 좋아하고, 몽상을 즐기며, 재미있고 밝은 그림을 그리고 싶어합니다.
난생 처음 들여다본 복잡한 뼈 때문에 피골이 상접하는 고통과 해골이 난무하는 악몽에 시달렸지만,
이제는 뼈를 아주 사랑하게 되었답니다.

살아 있는 뼈

펴낸날 2003년 4월 30일 초판 1쇄, 2017년 7월 15일 개정판 5쇄

글쓴이 허은미 | **그린이** 홍기한
디자인 조은화

펴낸이 김영진
본부장 나경수
개발실장 박현미 | **개발팀장** 김정미 | **편집 관리** 유옥진 | **디자인 관리** 강륜아
사업실장 백주현 | **영업팀장** 정원식 | **영업** 최병화, 이찬욱, 전현주, 이강원, 정재욱
마케팅팀장 민현기 | **마케팅** 김재호, 김동명, 정재성, 정슬기, 엄재욱

펴낸곳 (주)미래엔 | **등록** 1950년 11월 1일 제16-67호 | **주소** 서울시 서초구 신반포로 321
전화 미래엔 고객센터 1800-8890 팩스 541-8243
홈페이지 주소 www.mirae-n.com

ⓒ 허은미, 홍기한 2003, 2009

ISBN 978-89-378-4512-3 74400
ISBN 978-89-378-4506-2 (세트)

＊파본은 구입처에서 교환해 드리며, 관련 법령에 따라 환불해 드립니다.
   다만, 제품 훼손 시 환불이 불가능합니다.